COLLECTION PLAISIRS DE LA CUISINE

140 recettes de grillades et barbecue

EDITIONS ESI

60, rue Vitruve, 75020 Paris

Imprimé en Italie par Gruppo Editoriale Zanardi - Maniago

RECETTES SALÉES

sommaire

Agneau aux herbes

Préparation : 10 minutes • Cuisson : 15 minutes • Marinade : 1 heure • Difficulté : ★ Budget : ★★

Pour 6 personnes

- **1 gigot d'agneau**
- **4 cuil. à soupe d'huile d'olive**
- **3 gousses d'ail**
- **3 cuil. à soupe d'herbes de Provence**
- **Sel et poivre**

Coupez le gigot en tranches.

Préparez une marinade avec l'huile, l'ail, les herbes de provence et du poivre.

Versez la marinade sur la viande et laissez mariner pendant 1 heure.

Faites cuire la viande pendant 15 minutes en la retournant. Salez après cuisson.

Conseil : faites plus ou moins cuire la viande selon la cuisson désirée.

Artichauts grillés

Préparation : 10 minutes • Cuisson : 10 minutes • Marinade : 1 heure • Difficulté : ★ Budget : ★★

Pour 4 personnes

- **2 artichauts**
- **2 cuil. à soupe d'huile d'olive**
- **1 gousse d'ail**
- **Sel et poivre**

Ôtez les tiges des artichauts ainsi que les premières feuilles. Coupez-les ensuite en 2 dans le sens de la longueur et enlevez le foin.

Préparez une marinade avec l'huile d'olive, l'ail haché, du sel et du poivre. Ajoutez-y les artichauts et laissez mariner pendant 1 heure.

Faites cuire les artichauts pendant 10 minutes sur la grille du barbecue (éloignée le plus possible des braises) en les retournant à mi-cuisson.

Aubergines au pesto

Préparation : 10 minutes • Cuisson : 5 minutes • Difficulté : ★ Budget : ★

Pour 6 personnes

- **6 petites aubergines**
- **Huile d'olive**

Pour le pesto
- **1 gousse d'ail**
- **2 cuil. à soupe de pignons de pin**
- **3 cuil. à soupe de parmesan râpé**
- **10 feuilles de basilic**
- **2 cuil. à soupe d'huile d'olive au basilic**
- **Sel et poivre**

Lavez et coupez les aubergines en tranches dans le sens de la longueur. Huilez-les au pinceau. Posez-les sur la grille du barbecue pendant 5 minutes en les retournant.

Préparez le pesto : placez l'ail, les pignons de pin, le parmesan, le basilic et l'huile aromatisée au basilic dans un robot avec couteau. Mixez, salez et poivrez.

Déposez un peu de pesto sur les aubergines encore chaudes et servez.

Abondance au thym

Préparation : 3 minutes • Cuisson : 4 minutes • Difficulté : ★★ Budget : ★

Pour 4 personnes

- **600 g d'abondance**
- **4 cuil. à soupe de thym**

Ôtez la croûte du fromage puis roulez-le dans le thym afin d'en mettre sur toutes les faces.

Posez l'abondance sur la grille du barbecue pendant 4 minutes en le retournant.

Aïoli

Préparation : 10 minutes • Cuisson : 15 minutes • Difficulté : ★ Budget : ★

Pour 8 personnes

- **3 œufs**
- **3 gousses d'ail**
- **30 cl d'huile d'olive**
- **2 cuil. à soupe de jus de citron**
- **Sel et poivre**

Faites cuire 2 œufs pendant 15 minutes. Récupérez les jaunes puis écrasez les blancs.

Mélangez les 3 jaunes ensemble avec l'ail et 2 cuil. à soupe d'eau jusqu'à l'obtention d'une crème.

Versez l'huile sans cesser de remuer, salez, poivrez et ajoutez le jus de citron.

Aubergines au jambon cru et mozzarella

Préparation : 20 minutes • Cuisson : 10 minutes • Difficulté : ★ Budget : ★★

Pour 4 personnes

- **1 grosse aubergine**
- **Huile d'olive**
- **8 tranches de jambon cru**
- **1 boule de mozzarella**
- **Sel et poivre**

Lavez et coupez l'aubergine dans la longueur en 8 tranches. Huilez, salez et poivrez.

Faites griller les aubergines sur le barbecue 6 à 7 minutes en les retournant. Posez-les sur du papier absorbant.

Sur chaque tranche d'aubergine, déposez du jambon cru et un peu de mozzarella.

Redéposez les aubergines sur la grille pendant 2 minutes le temps que la mozzarella fonde.

Bœuf aux oignons à la plancha

Préparation : 10 minutes • Marinade : 1 heure • Cuisson : 15 minutes • Difficulté : ★ Budget : ★

Pour 4 personnes

- **600 g de bœuf à fondue**
- **2 cuil. à soupe d'huile de sésame**
- **3 cuil. à soupe de sauce soja**
- **300 g d'oignons**

Coupez le bœuf en lamelles.

Mélangez-le avec 1 cuil. à soupe d'huile de sésame et la sauce soja. Laissez mariner pendant 1 heure.

Pendant ce temps, émincez les oignons et mélangez-les avec l'huile restante. Faites-les revenir sur la plancha.

Ajoutez la viande et laissez cuire 5 minutes.

Aubergines et courgettes grillées

Préparation : 15 minutes • Marinade : 1 heure • Cuisson : 15 minutes • Difficulté : ★ Budget : ★

Pour 4 personnes

- **2 aubergines**
- **3 courgettes**
- **2 cuil. à soupe d'huile d'olive**
- **1 cuil. à soupe de jus de citron**
- **Sel et poivre**

Lavez les légumes et coupez-les en rondelles de 0,5 cm d'épaisseur.

Mélangez-les avec l'huile d'olive, le citron, du sel et du poivre. Laissez mariner pendant 1 heure.

Posez les tranches sur la grille du barbecue et laissez cuire 15 minutes en les retournant.

Blancs de poulet aux épices

Préparation : 10 minutes • Marinade : 1 heure • Cuisson : 10 minutes • Difficulté : ★ Budget : ★

Pour 6 personnes

- **3 blancs de poulet**
- **2 cuil. à soupe d'huile d'olive**
- **3 cuil. à soupe de paprika**
- **2 cuil. à soupe de piment doux en poudre**
- **2 cuil. à soupe de semoule fine de maïs**

Coupez les blancs de poulet en 2 dans le sens de la longueur.

Dans un saladier, mélangez l'huile avec le paprika, le piment et la semoule. Étalez cette pâte sur les blancs de poulet et laissez mariner 1 heure.

Faites cuire la viande sur la grille du barbecue pendant environ 10 minutes en la retournant à mi-cuisson.

Boudins blancs lardés

Préparation : 10 minutes • Cuisson : 10 minutes • Difficulté : ★ Budget : ★★

Pour 6 personnes

- **6 boudins blancs**
- **6 tranches de lard**

Sur chaque boudin, enroulez une tranche de lard.

Posez-les sur la grille du barbecue et laissez cuire 10 minutes.

Bœuf aux poivrons à la plancha

Préparation : 10 minutes • Marinade : 1 heure • Cuisson : 5 minutes • Difficulté : ★ Budget : ★

Pour 6 personnes

- **600 g de bœuf à fondue**
- **3 poivrons rouges**
- **3 poivrons verts**
- **1 cuil. à soupe d'huile de sésame**
- **3 cuil. à soupe de sauce nuoc-mâm**
- **1 cuil. à soupe de jus de citron**

Coupez le bœuf en lamelles. Lavez et épépinez les poivrons et coupez-les en fines lanières.

Mélangez le tout avec le reste des ingrédients. Laissez mariner pendant 1 heure.

Faites revenir le tout 5 minutes à la plancha.

Brochettes chorizo, tomates et pruneaux

Préparation : 10 minutes • Cuisson : 10 minutes • Difficulté : ★ Budget : ★

Pour 4 brochettes

- **150 g de chorizo**
- **12 tomates cerise**
- **12 pruneaux**
- **2 cuil. à soupe de miel**
- **½ cuil. à café de piment en poudre**

Alternez les tranches de chorizo, les tomates et les pruneaux sur 4 piques à brochettes.

Mélangez le miel avec le piment.

Roulez rapidement les brochettes dans le miel pimenté et posez-les sur la grille du barbecue jusqu'à ce que le chorizo soit grillé.

Brochettes de boudin aux pommes

Préparation : 10 minutes • Cuisson : 10 minutes • Difficulté : ★ Budget : ★★

Pour 4 brochettes

- **2 pommes**
- **12 mini boudins noirs**

Pelez les pommes et coupez-les en carrés.

Alternez les boudins et les morceaux de pommes sur 4 piques à brochettes.

Faites cuire les brochettes sur la grille du barbecue pendant environ 10 minutes en les retournant.

Brochettes de crevettes aux pruneaux

Préparation : 10 minutes • Cuisson : 5 minutes • Difficulté : ★ Budget : ★★

Pour 4 brochettes

- **1 cuil. à soupe de jus de citron**
- **1 cuil. à café de ciboulette hachée**
- **12 crevettes roses décortiquées**
- **12 pruneaux**

Mélangez le citron avec la ciboulette.

Mélangez les crevettes dans le citron, puis alternez-les avec les pruneaux sur 4 piques à brochettes.

Faites cuire les brochettes sur la grille du barbecue pendant environ 5 minutes en les retournant.

Brochettes chinoises

Préparation : 10 minutes • Marinade : 1 heure • Cuisson : 15 minutes • Difficulté : ★ Budget : ★

Pour 6 personnes

- **1 poivron rouge**
- **1 oignon**
- **2 cuil. à soupe de miel**
- **2 cuil. à soupe de jus de citron**
- **2 cuil. à soupe de sauce soja**
- **6 blancs de poulet**

Coupez le poivron en 2, épépinez-le et faites-le griller 5 minutes sur le barbecue. Pelez-le.

Mixez le poivron avec l'oignon épluché et mélangez le tout avec le miel, le jus de citron et la sauce soja.

Coupez les blancs de poulet en carrés. Mélangez-les à la marinade et laissez mariner pendant 1 heure.

Piquez les blancs sur des piques à brochettes et faites-les cuire sur la grille du barbecue pendant environ 10 minutes en les retournant.

Conseil : la peau du poivron doit être noire, elle sera d'autant plus facile à ôter.

Brochettes de bœuf

Préparation : 10 minutes • Cuisson : 6 minutes • Difficulté : ★ Budget : ★★

Pour 6 personnes

- **600 g de bœuf à fondue**
- **2 cuil. à soupe de romarin**

Coupez le bœuf en gros dés. Placez-les sur les piques à brochettes.

Faites-les cuire sur la grille du barbecue pendant environ 6 minutes en les retournant.

Saupoudrez de romarin avant de servir.

Conseil : faites plus ou moins cuire les brochettes selon le degré de cuisson de la viande désiré.

Brochettes de crevettes

Préparation : 10 minutes • Cuisson : 10 minutes • Difficulté : ★ Budget : ★★

Pour 4 brochettes

- **1 courgette**
- **2 tomates cerise**
- **12 crevettes cuites**

Coupez la courgette en tranches et les tomates en 2.

Sur des piques à brochettes, piquez une crevette, une tranche de courgette, une crevette, un morceau de tomate et une crevette.

Faites-les cuire sur la grille du barbecue pendant environ 10 minutes en les retournant. Servez avec un peu de sauce et un quartier de citron.

Brochettes de dinde au gingembre

Préparation : 10 minutes • Marinade : 1 heure • Cuisson : 10 minutes • Difficulté : ★ Budget : ★

Pour 6 personnes

- **250 g d'escalope de dinde**
- **2 cuil. à soupe de yaourt nature**
- **1 gousse d'ail**
- **½ cuil. à café de gingembre râpé**
- **2 cuil. à café de miel liquide**

Coupez les escalopes de dinde dans le sens de la longueur afin d'obtenir 12 lanières.

Dans un saladier, mélangez le yaourt, l'ail, le gingembre et le miel. Ajoutez la viande, mélangez bien et laissez mariner au moins 1 heure.

Enfilez la dinde sur des piques à brochettes.

Faites-les cuire sur la grille du barbecue pendant environ 10 minutes en les retournant.

Brochettes de lotte exotiques

Préparation : 10 minutes • Cuisson : 20 minutes • Marinade : 1 heure • Difficulté : ★ Budget : ★★

Pour 6 personnes

- **15 cl de lait de coco**
- **1 gousse d'ail**
- **½ cuil. à café de piment en poudre**
- **100 g de mangue**
- **2 cuil. à soupe de jus de citron vert**
- **300 g de lotte**

Faites frémir le lait de coco avec l'ail haché et le piment pendant environ 10 minutes. Ajoutez la mangue et le jus de citron et mixez.

Dans un saladier, mélangez la lotte avec la sauce et laissez mariner au moins 1 heure.

Enfilez la lotte coupée en morceaux sur des piques à brochettes.

Faites-les cuire sur la grille du barbecue pendant environ 10 minutes en les retournant.

Brochettes de magret et foie gras

Préparation : 10 minutes • Cuisson : 5 minutes • Difficulté : ★ Budget : ★★★

Pour 6 personnes

- **300 g de foie gras**
- **300 g de magrets de canard**
- **Fleur de sel**
- **Poivre**

Sur des pics à brochettes, alternez les morceaux de foie gras et de magret coupés en morceaux.

Faites-les cuire sur la grille du barbecue pendant environ 5 minutes en les retournant. Salez et poivrez.

Brochettes de poulet à la méditerranéenne

Préparation : 10 minutes • Marinade : 1 heure • Cuisson : 10 minutes • Difficulté : ★ Budget : ★

Pour 6 personnes

- **250 g de tomates séchées**
- **40 g d'olives noires dénoyautées**
- **2 cuil. à soupe de chapelure**
- **2 cuil. à soupe de ciboulette hachée**
- **500 g de blancs de poulet**
- **Fleur de sel**
- **Poivre**

Mixez les tomates avec les olives, la chapelure et la ciboulette.

Mélangez-y la viande coupée en morceaux et laissez mariner pendant 1 heure.

Mettez la viande sur des piques à brochettes.

Faites-les cuire sur la grille du barbecue pendant environ 10 minutes en les retournant. Salez et poivrez.

Brochettes de dinde aux agrumes

Préparation : 10 minutes • Marinade : 1 heure • Cuisson : 10 minutes • Difficulté : ★ Budget : ★

Pour 6 personnes

- **2 citrons verts non traités**
- **1 pamplemousse non traité**
- **500 g de blancs de dinde**
- **Fleur de sel**
- **Poivre**

Récupérez le zeste d'un citron et de ¼ de pamplemousse, puis pressez les 3 agrumes.

Dans un saladier, mélangez les jus avec les zestes. Ajoutez-y la viande coupée en morceaux. Laissez mariner pendant 1 heure.

Mettez la dinde sur des piques à brochettes.

Faites-les cuire sur la grille du barbecue pendant environ 10 minutes en les retournant. Salez et poivrez.

Brochettes de légumes au tofu

Préparation : 15 minutes • Cuisson : 15 minutes • Difficulté : ★ Budget : ★★

Pour 6 personnes

- **200 g de tofu**
- **1 courgette**
- **1 poivron vert**
- **1 poivron jaune**
- **1 poivron rouge**
- **1 oignon rouge**
- **6 tomates cerise**
- **Herbes de Provence**

Coupez le tofu en dés et faites-le pocher dans de l'eau pendant 5 minutes.

Pendant ce temps, lavez et coupez les courgettes en rondelles et en morceaux pour les autres légumes.

Lorsque le tofu est poché, égouttez-le et posez-le sur du papier absorbant. Roulez-le dans les herbes de Provence.

Sur les piques à brochettes, alternez légumes et tofu.

Faites-les cuire sur la grille du barbecue pendant environ 10 minutes en les retournant.

Conseil : le tofu poché sera plus tendre et plus digeste.

Brochettes de mini saucisses

Préparation : 5 minutes • Cuisson : 10 minutes • Difficulté : ★ Budget : ★

Pour 6 personnes

- **6 boudins blancs**
- **6 merguez**
- **6 chipolatas**
- **6 chipolatas aux herbes**

Sur 12 piques à brochettes, alternez les saucisses coupées en morceaux.

Faites-les cuire sur la grille du barbecue pendant environ 10 minutes en les retournant.

Brochettes au poulet au sésame

Préparation : 10 minutes • Marinade : 1 heure • Cuisson : 10 minutes • Difficulté : ★ Budget : ★

Pour 6 personnes

- **3 blancs de poulet**
- **4 cuil. à soupe de miel**
- **6 cuil. à soupe de graines de sésame**

Coupez les blancs de poulet en 2 dans le sens de la longueur.

Dans un saladier, mélangez-les avec le miel et le sésame. Laissez mariner 1 heure.

Piquez les blancs sur des pics à brochettes

Faites-les cuire sur la grille du barbecue pendant environ 10 minutes en les retournant.

Brochettes de poulet tikka

Préparation : 10 minutes • Marinade : 1 heure • Cuisson : 10 minutes • Difficulté : ★ Budget : ★

Pour 6 personnes

- **3 blancs de poulet**
- **4 cuil. à soupe de yaourt grec**
- **1 gousse d'ail**
- **1 cuil. à soupe de pâte tikka**

Coupez les blancs de poulet en 2 dans le sens de la longueur.

Dans un saladier, mélangez-les avec le yaourt, l'ail haché et la pâte tikka. Laissez mariner 1 heure.

Piquez les blancs sur des piques à brochettes.

Faites-les cuire sur la grille du barbecue pendant environ 10 minutes en les retournant.

Brochettes de Saint-Jacques aux mangues

Préparation : 10 minutes • Cuisson : 5 minutes • Difficulté : ★ Budget : ★★

Pour 4 personnes

- **2 cuil. à soupe d'huile d'olive**
- **24 noix de Saint-Jacques**
- **1 mangue pas trop mûre**
- **Sel et poivre**

Mélangez l'huile avec du sel et du poivre et ajoutez les noix de Saint-Jacques. Mélangez bien.

Épluchez et coupez la mangue en dés.

Alternez les noix et les morceaux de mangue sur 8 piques à brochettes.

Faites-les cuire sur la grille du barbecue pendant environ 5 minutes en les retournant.

Brochettes de saucisses de Strasbourg et comté

Préparation : 10 minutes • Cuisson : 5 minutes • Difficulté : ★ Budget : ★

Pour 6 personnes

- **12 saucisses de Strasbourg**
- **200 g de comté**

Coupez les saucisses en morceaux. Coupez le comté en dés.

Alternez les morceaux de saucisses et de comté sur 12 piques à brochettes.

Faites-les cuire sur la grille du barbecue pendant environ 5 minutes en les retournant.

Brochettes de poulet aux épices

Préparation : 10 minutes • Marinade : 1 heure • Cuisson : 10 minutes • Difficulté : ★ Budget : ★

Pour 6 personnes

- **3 blancs de poulet**
- **1 cuil. à soupe de yaourt grec**
- **2 cuil. à soupe de paprika**
- **4 cuil. à soupe de jus de citron vert**
- **Sel et poivre**

Coupez les blancs de poulet en dés.

Dans un saladier, mélangez-les avec le yaourt, le paprika, le jus de citron et du poivre. Laissez mariner 1 heure.

Piquez le poulet sur des piques à brochettes.

Faites-les cuire sur la grille du barbecue pendant environ 10 minutes en les retournant. Salez.

Brochettes de poulet coco-curry

Préparation : 10 minutes • Marinade : 1 heure • Cuisson : 10 minutes • Difficulté : ★ Budget : ★

Pour 6 personnes

- **3 blancs de poulet**
- **2 cuil. à café de curry**
- **20 cl de lait de coco**

Coupez les blancs de poulet en 2 dans le sens de la longueur.

Dans un saladier, mélangez-les avec le curry et le lait de coco. Laissez mariner 1 heure.

Piquez les blancs sur des piques à brochettes.

Faites-les cuire sur la grille du barbecue pendant environ 10 minutes en les retournant.

Brochettes de Saint-Jacques lardées

Préparation : 10 minutes • Cuisson : 5 minutes • Difficulté : ★ Budget : ★★

Pour 4 personnes

- **2 tranches de lard fumé**
- **24 noix de Saint-Jacques**
- **2 champignons de Paris**
- **Sel et poivre**

Coupez les tranches de lard en 6 et lardez 12 noix de Saint-Jacques.

Pelez les champignons et émincez-les.

Alternez les noix (non lardées et lardées) avec les morceaux de champignons sur des piques à brochettes.

Faites-les cuire sur la grille du barbecue pendant environ 5 minutes en les retournant. Salez et poivrez avant de servir.

Brochettes de tomates au lard

Préparation : 10 minutes • Cuisson : 10 minutes • Difficulté : ★ Budget : ★

Pour 4 personnes

- **12 tranches de lard**
- **24 tomates cerise**
- **12 feuilles de basilic**

Coupez les tranches de lard en 2 dans le sens de la longueur.

Sur chaque tomate, enroulez une feuille de basilic puis ½ tranche de lard.

Piquez les tomates sur des piques à brochettes.

Faites-les cuire sur la grille du barbecue pendant environ 10 minutes en les retournant.

Brochettes de tomates cerise et mozzarella

Préparation : 10 minutes • Cuisson : 5 minutes • Difficulté : ★ Budget : ★

Pour 4 personnes

- **24 tomates cerise**
- **24 billes de mozzarella**
- **Huile d'olive**

Alternez les tomates et la mozzarella sur des piques à brochettes. Versez un filet d'huile d'olive sur chaque brochette.

Faites-les cuire sur la grille du barbecue pendant environ 5 minutes en les retournant.

Brochettes de gambas à l'ananas

Préparation : 10 minutes • Cuisson : 10 minutes • Difficulté : ★ Budget : ★★

Pour 4 personnes

- **½ ananas**
- **12 gambas décortiquées**

Ôtez la peau de l'ananas et coupez-le en morceaux.

Alternez les gambas avec les morceaux d'ananas sur 4 piques à brochettes.

Faites cuire les brochettes sur la grille du barbecue pendant environ 10 minutes en les retournant.

Brushetta au pesto d'olive

Préparation : 10 minutes • Cuisson : 5 minutes • Difficulté : ★ Budget : ★

Pour 4 personnes

- **8 tranches de pain**
- **2 gousses d'ail**
- **4 cuil. à soupe d'olives noires dénoyautées**
- **8 tomates cerise**
- **2 cuil. à soupe de câpres**
- **Huile d'olive**

Huilez les faces des tranches de pain.

Hachez les gousses d'ail avec les olives, les tomates et les câpres. Ajoutez 1 cuil. à café d'huile d'olive.

Étalez du pesto sur les tranches de pain et posez-les sur la grille du barbecue.

Faites cuire pendant environ 5 minutes.

Brochettes de saumon

Préparation : 10 minutes • Cuisson : 10 minutes • Difficulté : ★ Budget : ★★

Pour 4 personnes

- **600 g de saumon**
- **1 citron**
- **2 tomates**
- **Sel et poivre**

Coupez le saumon en dés. Salez et poivrez.

Coupez le citron en morceaux. Épépinez les tomates et coupez-les également en morceaux.

Alternez le saumon, les morceaux de citron et les tomates sur des piques à brochettes.

Faites-les cuire sur la grille du barbecue pendant environ 10 minutes en les retournant.

Brochettes laquées

Préparation : 10 minutes • Cuisson : 10 minutes • Difficulté : ★ Budget : ★★

Pour 4 personnes

- **400 g de bœuf à fondue**
- **2 cuil. à soupe de miel**
- **2 cuil. à soupe de vinaigre balsamique**
- **4 cuil. à soupe de sauce soja**

Coupez le bœuf en dés.

Mélangez le miel avec le vinaigre et la sauce soja et trempez-y les morceaux de bœuf.

Placez les morceaux de bœuf sur des piques à brochettes et faites-les cuire pendant environ 10 minutes sur la grille du barbecue en les arrosant régulièrement de marinade.

Brochettes mixtes

Préparation : 10 minutes • Cuisson : 10 minutes • Difficulté : ★ Budget : ★

Pour 4 personnes

- **16 tranches de lard**
- **8 pruneaux**
- **4 saucisses de Strasbourg**
- **1 blanc de poulet**

Coupez les tranches de lard en 2 dans le sens de la longueur et enroulez-les autour des pruneaux.

Coupez les saucisses en 4 et le blanc de poulet en carrés.

Alternez les saucisses, pruneaux et carrés de poulet sur des piques à brochettes.

Faites cuire les brochettes pendant environ 10 minutes sur la grille du barbecue en les retournant.

Camembert aux pommes

Préparation : 10 minutes • Cuisson : 10 minutes • Difficulté : ★ Budget : ★

Pour 4 personnes

- **1 pomme**
- **1 camembert**

Pelez et coupez la pomme en tout petits morceaux.

Ôtez le papier du camembert.

Avec un couteau, percez le camembert sur tous les côtés. Insérez les morceaux de pommes dans les trous.

Remettez le camembert dans sa boîte.

Posez-le sur la grille du barbecue pendant 10 minutes.

Cervelas obernois

Préparation : 10 minutes • Cuisson : 10 minutes • Difficulté : ★ Budget : ★

Pour 4 personnes

- **4 cervelas**
- **100 g d'emmental**
- **4 tranches de lard**

Incisez les cervelas sur toute leur longueur. Placez-y des lamelles d'emmental coupé en tranches.

Enroulez chaque cervelas d'une tranche de lard.

Posez les cervelas sur la grille du barbecue et faites cuire pendant 10 minutes.

Champignons farcis à la brousse

Préparation : 10 minutes • Cuisson : 5 minutes • Difficulté : ★ Budget : ★

Pour 4 personnes

- **8 gros champignons de Paris**
- **2 tranches de jambon cru**
- **2 cuil. à soupe de ciboulette ciselée**
- **200 g de brousse**
- **Sel et poivre**

Brossez les champignons, pelez-les et ôtez les pieds. Posez-les face bombée en dessous.

Coupez les tranches de jambon en petits morceaux et mélangez-les avec la ciboulette et la brousse. Salez et poivrez.

Farcissez les champignons de cette préparation.

Posez les champignons sur la grille du barbecue et faites cuire pendant 5 minutes.

Champignons farcis à la tomate

Préparation : 10 minutes • Cuisson : 15 minutes • Difficulté : ★ Budget : ★

Pour 4 personnes

- **1 oignon**
- **2 cuil. à soupe d'huile d'olive**
- **1 cuil. à soupe de concentré de tomates**
- **300 g de tomates concassées en boîte**
- **1 cuil. à café d'herbes de Provence**
- **8 gros champignons de Paris**
- **1 boule de mozzarella**
- **Sel et poivre**

Dans une casserole, faites revenir l'oignon haché dans l'huile d'olive. Ajoutez le concentré de tomates, les tomates concassées et les herbes de Provence et laissez cuire pendant 10 minutes. Salez et poivrez.

Brossez les champignons, pelez-les et ôtez les pieds. Posez-les face bombée en dessous.

Farcissez les champignons de la préparation aux tomates et disposez des lamelles de mozzarella par-dessus.

Posez les champignons sur la grille du barbecue et faites cuire pendant 5 minutes.

Brochettes végétariennes

Préparation : 10 minutes • Cuisson : 2 minutes • Difficulté : ★ Budget : ★

Pour 4 personnes

- **2 courgettes**
- **1 tomate**
- **1 navet**
- **1 poivron**
- **1 cuil. à soupe d'huile de sésame**
- **2 cuil. à soupe de graines de sésame**
- **1 bouquet de persil plat**
- **Sel et poivre**

Lavez et coupez les courgettes en rondelles et la tomate en dés. Épluchez le navet et coupez-le en dés. Épépinez le poivron et coupez-le en morceaux.

Mélangez tous ces légumes avec l'huile et les graines de sésame, du sel et du poivre.

Montez les brochettes en alternant les légumes et des feuilles de persil.

Posez les brochettes 2 minutes sur la plancha.

Conseil : la cuisson des brochettes permettra juste de donner un petit goût aux légumes.

Bruschetta au fromage frais et tomates

Préparation : 10 minutes • Cuisson : 5 minutes • Difficulté : ★ Budget : ★

Pour 4 personnes

- **8 tranches de pain**
- **Huile d'olive**
- **8 tomates**
- **200 g de fromage frais**
- **Sel et poivre**

Huilez les faces des tranches de pain puis faites-les griller sur le barbecue pendant environ 5 minutes en les retournant.

Pelez les tomates, épépinez-les et coupez-les en dés. Mélangez-les avec 1 cuil. à soupe d'huile d'olive. Salez et poivrez.

Étalez du fromage frais sur les tranches de pain grillées puis ajoutez des tomates.

Conseil : changez en choisissant différentes variétés de fromage frais.

Calamars grillés

Préparation : 10 minutes • Marinade : 1 heure • Cuisson : 10 minutes • Difficulté : ★ Budget : ★★

Pour 4 personnes

- **4 cuil. à soupe de jus de citron**
- **4 cuil. à soupe d'huile d'olive**
- **8 blancs de calamar**
- **Poivre**

Mélangez le jus de citron avec l'huile, poivrez et ajoutez les calamars. Laissez mariner 1 heure.

Piquez les calamars sur des piques à brochettes.

Posez-les sur la grille du barbecue et laissez cuire 5 à 10 minutes.

Conseil : ne salez pas car les calamars vont être durs. Ou alors faites-le après cuisson.

Chips de betteraves

Préparation : 10 minutes • Cuisson : 5 minutes • Difficulté : ★ Budget : ★

Pour 4 personnes

- **4 betteraves crues**
- **½ cuil. à soupe d'huile d'olive**
- **Sel et poivre**

Épluchez et tranchez finement les betteraves. Mélangez-les avec l'huile, salez et poivrez.

Posez les tranches de betterave sur la grille du barbecue et laissez cuire 5 minutes.

Chips de céleri

Préparation : 10 minutes • Cuisson : 5 minutes • Difficulté : ★ Budget : ★

Pour 8 personnes

- **1 céleri-rave**
- **2 cuil. à soupe d'huile d'olive**
- **2 cuil. à café de paprika**
- **Sel et poivre**

Épluchez et tranchez finement le céleri. Mélangez-les avec l'huile, le paprika, salez et poivrez.

Posez les tranches de céleri sur la grille du barbecue et laissez cuire 5 minutes.

Chutney poires raisin

Préparation : 15 minutes • Cuisson : 25 minutes • Difficulté : ★ Budget : ★

Pour 10 personnes

- **1 grappe de raisin noir**
- **500 g de poires**
- **2 oignons**
- **1 cuil. à soupe d'huile d'olive**
- **110 g de sucre**
- **30 cl de vinaigre de vin**
- **Sel et poivre**

Lavez le raisin. Épluchez et coupez les poires en dés.

Épluchez et coupez finement l'oignon. Faites-le suer dans l'huile d'olive, ajoutez le sucre et laissez caraméliser.

Ajoutez le vinaigre et portez à ébullition. Ajoutez les poires et les grains de raisin et laissez cuire à feu moyen à découvert pendant 20 minutes.

Salez et poivrez puis laissez refroidir avant de servir.

Concombre grillé au yaourt

Préparation : 5 minutes • Cuisson : 5 minutes • Difficulté : ★ Budget : ★

Pour 4 personnes

- **2 concombres**
- **1 yaourt grec**
- **1 gousse d'ail**
- **1 cuil. à soupe d'aneth ciselé**
- **Sel et poivre**

Pelez et coupez les concombres en 2 dans le sens de la longueur. Épépinez-les avec une cuillère.

Posez-les sur la grille du barbecue pendant 5 minutes en les retournant.

Pendant ce temps, mélangez le yaourt avec l'ail écrasé, l'aneth, du sel et du poivre.

Garnissez les concombres de la sauce au yaourt.

Cervelas grillés

Préparation : 5 minutes • Cuisson : 10 minutes • Difficulté : ★ Budget : ★

Pour 4 personnes

- **8 cervelas**
- **3 cuil. à soupe de moutarde**

Badigeonnez chaque cervelas de moutarde.

Posez-les sur la grille du barbecue pendant 10 minutes en les retournant.

Chutney de figues

Préparation : 15 minutes • Cuisson : 30 minutes • Difficulté : ★ Budget : ★

Pour 10 personnes

- **600 g de figues**
- **5 cl de banyuls**
- **2 oignons**
- **1 cuil. à soupe d'huile d'olive**
- **120 g de sucre**
- **30 cl de vinaigre de vin**
- **Sel et poivre**

Lavez les figues et coupez-les en morceaux puis mélangez-les avec le banyuls.

Épluchez et coupez finement les oignons. Faites-le suer dans l'huile d'olive, ajoutez le sucre et laissez caraméliser.

Ajoutez le vinaigre et portez à ébullition. Ajoutez les figues et laissez cuire à feu moyen à découvert pendant 20 minutes.

Salez et poivrez puis laissez refroidir avant de servir.

Conseil : cette sauce se marie très bien avec les grillades et les poissons.

Chutney de tomates

Préparation : 15 minutes • Cuisson : 25 minutes • Difficulté : ★ Budget : ★

Pour 4 personnes

- **600 g de tomates en grappe**
- **2 oignons**
- **2 gousses d'ail**
- **1 cuil. à soupe d'huile d'olive**
- **100 g de sucre**
- **30 cl de vinaigre balsamique**
- **3 cuil. à soupe de basilic**
- **Sel et poivre**

Lavez les tomates et coupez-les en morceaux.

Épluchez et coupez finement les oignons et l'ail. Faites-les suer dans l'huile d'olive, ajoutez le sucre et laissez caraméliser.

Ajoutez le vinaigre et portez à ébullition. Ajoutez les tomates et laissez cuire à feu moyen à découvert pendant 15 minutes.

Ajoutez le basilic haché, salez et poivrez puis laissez refroidir avant de servir.

Conseil : cette sauce se marie très bien avec les légumes crus, grillades et poissons.

Côtes de porc campagnardes

Préparation : 15 minutes • Cuisson : 15 minutes • Difficulté : ★ Budget : ★★

Pour 4 personnes

- **4 côtes de porc épaisses**
- **1 gousse d'ail**
- **100 g de champignons de Paris**
- **1 cuil. à soupe de crème fraîche épaisse**
- **1 cuil. à soupe de persil haché**
- **80 g de gruyère râpé**
- **Sel et poivre**

Coupez les côtes de porc dans l'épaisseur en gardant un côté attaché (comme un sandwich).

Épluchez et coupez l'ail. Brossez les champignons de paris et coupez-les en tout petits morceaux.

Mélangez la crème avec les champignons, l'ail, le persil, du sel et du poivre. Mettez cette préparation dans les côtes de porc.

Placez les côtes sur la grille du barbecue pendant 10 minutes en les retournant. Ajoutez du gruyère râpé sur le dessus des côtes et laissez-les finir de cuire pendant encore 5 minutes.

Côtes de porc sauce barbecue

Préparation : 15 minutes • Cuisson : 15 minutes • Difficulté : ★ Budget : ★★

Pour 4 personnes

- **1 côte de porc épaisse**

Pour la sauce

- **1 cuil. à soupe de concentré de tomates**
- **2 cuil. à soupe de vinaigre de vin**
- **1 cuil. à café de moutarde**
- **1 cuil. à café de miel**
- **1 cuil. à soupe de sauce soja**
- **Sel et poivre**

Posez les côtes de porc sur la grille du barbecue pendant 15 minutes en les retournant.

Pendant ce temps, préparez la sauce en mélangeant le concentré de tomates avec le vinaigre, la moutarde, le miel et la sauce soja. Salez et poivrez.

Servez la viande accompagnée de sauce.

Croques à la fourme et coppa

Préparation : 15 minutes • Cuisson : 10 minutes • Difficulté : ★ Budget : ★

Pour 4 personnes

- **200 g de fourme d'Ambert**
- **8 tranches de pain de mie**
- **16 tranches de coppa**
- **40 g de noix**

Coupez la fourme en lamelles.

Sur 4 tranches de pain, déposez 2 tranches de coppa, des lamelles de fourme, des noix hachées grossièrement puis encore 2 tranches de coppa. Placez ensuite les 4 autres tranches de pain de mie par-dessus.

Placez les croques sur la grille du barbecue pendant 10 minutes en les retournant à mi-cuisson.

Cuisses de lapin au beurre de thym

Préparation : 15 minutes • Cuisson : 20 minutes • Difficulté : ★ Budget : ★

Pour 4 personnes

- **100 g de beurre**
- **3 cuil. à soupe de thym**
- **4 cuisses de lapin**
- **Sel et poivre**

Mélangez le beurre avec le thym, du sel et du poivre.

Enduisez bien les cuisses de lapin de beurre au thym.

Placez-les sur la grille du barbecue pendant 20 minutes en les retournant.

Côtelettes d'agneau grillées

Préparation : 10 minutes • Marinade : 1 heure • Cuisson : 18 minutes • Difficulté : ★ Budget : ★★

Pour 6 personnes

Pour la marinade

- **3 cuil. à soupe d'huile d'olive**
- **3 cuil. à soupe de miel**
- **2 cuil. à soupe de sauge**
- **Poivre**

- **6 côtelettes d'agneau**
- **Sel**

Préparez une marinade avec l'huile, le miel, la sauge hachée et du poivre.

Versez la marinade sur la viande et laissez pendant 1 heure.

Faites cuire les côtelettes pendant 15 minutes en les retournant. Salez après cuisson.

Pendant ce temps, faites réduire la marinade à feu vif pendant 3 minutes et servez avec la viande.

Conseil : faites plus ou moins cuire la viande selon la cuisson désirée.

Croque-monsieur

Préparation : 15 minutes • Cuisson : 5 minutes • Difficulté : ★ Budget : ★

Pour 4 personnes

- **80 g de gruyère râpé**
- **10 cl de lait**
- **2 tranches de jambon blanc**
- **8 tranches de pain de mie**
- **4 cuil. à café de crème fraîche épaisse**
- **Beurre**

Faites tremper le gruyère dans le lait.

Coupez les tranches de jambon en 4.

Sur 4 tranches de pain, déposez 1 cuil. à café de crème fraîche, 2 morceaux de jambon et un peu de gruyère égoutté. Placez ensuite les 4 autres tranches de pain de mie par-dessus.

Beurrez les faces extérieures des croques.

Placez-les sur la grille du barbecue pendant 5 minutes en les retournant.

Conseil : pour des croques plus légers (mais plus secs), ne beurrez pas le pain.

Cuisses de canard grillées

Préparation : 15 minutes • Marinade : 1 heure • Cuisson : 15 minutes • Difficulté : ★ Budget : ★★

Pour 6 personnes

- **1 poivron**
- **2 cuil. à soupe d'huile d'olive**
- **10 brins de ciboulette**
- **6 cuisses de canard**

Épépinez le poivron et coupez-le en tout petits dés. Mélangez-les avec l'huile et la ciboulette ciselée.

Laissez-y mariner le canard pendant 1 heure.

Placez-le sur la grille du barbecue pendant 15 minutes. Servez-le avec la marinade.

Conseil : vous pouvez servir ce plat avec une purée maison.

Filet mignon au lard

Préparation : 15 minutes • Cuisson : 20 minutes • Difficulté : ★ Budget : ★★

Pour 6 personnes

- **10 feuilles de sauge**
- **1 kg de filet mignon**
- **8 tranches de lard**

Placez les feuilles de sauge sur le filet mignon et enroulez le tout avec les tranches de lard.

Emballez la viande dans du papier aluminium.

Placez-la sur la grille du barbecue pendant 20 minutes.

Galettes de pommes de terre

Préparation : 25 minutes • Cuisson : 20 minutes • Difficulté : ★ Budget : ★

Pour 6 personnes

- **2 kg de pommes de terre**
- **3 oignons**
- **3 œufs**
- **Huile**
- **Sel et poivre**

Épluchez les pommes de terre et les oignons et râpez-les. Mélangez le tout avec les œufs, salez et poivrez.

Formez des petites galettes, pour cela, prenez un peu de préparation de pommes de terre, faites-en une boule puis écrasez-la.

Huilez légèrement la plancha et déposez-y des galettes de pommes de terre.

Faites cuire 6 minutes en les retournant. L'extérieur doit être croustillant. Réservez au chaud le temps de cuire toutes les galettes.

Galettes de poulet

Préparation : 20 minutes • Cuisson : 25 minutes • Difficulté : ★ Budget : ★

Pour 4 personnes

- **500 g de blancs de poulet**
- **2 oignons**
- **1 gousse d'ail**
- **1 œuf**
- **3 cuil. à soupe de parmesan**
- **3 cuil. à soupe de basilic**
- **4 cl de crème liquide**
- **Huile**
- **Sel et poivre**

Mixez tous les ingrédients sauf l'huile au robot.

Formez des petites galettes en roulant un peu de préparation en boule et en l'écrasant un peu.

Huilez légèrement la plancha et déposez-y des galettes.

Faites cuire 10 à 12 minutes en les retournant. L'extérieur doit être croustillant. Réservez au chaud pendant la cuisson des autres galettes.

Gambas au citron vert

Préparation : 20 minutes • Marinade : 1 heure • Cuisson : 10 minutes • Difficulté : ★ Budget : ★★

Pour 4 personnes

- **20 gambas**
- **2 citrons verts**
- **3 cuil. à soupe de ciboulette ciselée**
- **1 cuil. à soupe d'huile d'olive**
- **½ cuil. à café de gingembre râpé**
- **Poivre**

Décortiquez les gambas.

Pressez les citrons, mélangez leur jus avec la ciboulette, l'huile d'olive, le gingembre et du poivre. Ajoutez les gambas, mélangez et laissez mariner pendant 1 heure.

Faites cuire les gambas 10 minutes sur la grille du barbecue en les retournant.

Dos de cabillaud grillés

Préparation : 5 minutes • Cuisson : 10 minutes • Difficulté : ★ Budget : ★★

Pour 4 personnes

- **4 dos de cabillaud**
- **25 g de beurre**
- **Sel et poivre**

Beurrez chaque dos de cabillaud sur les 2 faces.

Faites-les cuire sur la plancha pendant 10 minutes en les retournant à mi-cuisson. Salez et poivrez après cuisson.

Conseil : servez-les avec un risotto aux herbes.

Entrecôtes grillées

Préparation : 5 minutes • Cuisson : 10 minutes • Difficulté : ★ Budget : ★★

Pour 4 personnes

- **4 entrecôtes**
- **1 cuil. à café de fond de veau**
- **25 g de beurre**
- **Poivre**

Faites cuire les entrecôtes 10 minutes sur la grille du barbecue en les retournant.

Pendant ce temps, mélangez le fond de veau avec 10 cl d'eau et laissez réduire dans une casserole jusqu'à l'obtention d'un mélange sirupeux. Ajoutez le beurre et poivrez.

Servez la viande avec la sauce.

Conseil : faites plus ou moins cuire la viande selon le degré de cuisson désiré.

Épis de maïs

Préparation : 10 minutes • Cuisson : 20 minutes • Difficulté : ★ Budget : ★

Pour 4 personnes

- **4 épis de maïs**
- **50 g de beurre**
- **4 cuil. à soupe de sauce soja**

Effeuillez les épis de maïs et enlevez les fils de soie.

Mélangez le beurre avec la sauce soja et badigeonnez-en les épis.

Faites les cuire 20 minutes sur la grille du barbecue en les retournant.

Hot-dog

Préparation : 10 minutes • Cuisson : 10 minutes • Difficulté : ★ Budget : ★

Pour 4 personnes

- **4 saucisses de Francfort**
- **2 oignons**
- **½ cuil. à soupe d'huile de tournesol**
- **4 pains à hot-dog**
- **4 cuil. à soupe de ketchup**
- **100 g de cheddar**

Faites cuire les saucisses sur la grille du barbecue pendant 2 minutes.

Faites revenir l'oignon haché dans une casserole avec l'huile pendant 3 minutes.

Ouvrez les pains à hot-dog. Déposez-y des oignons, une saucisse, du ketchup et du cheddar râpé. Réchauffez sur la grille du barbecue pendant 1 minute.

Jambon braisé

Préparation : 5 minutes • Cuisson : 10 minutes • Difficulté : ★ Budget : ★

Pour 4 personnes

- **4 tranches de jambon à braiser**
- **15 g de beurre**
- **15 g de farine**
- **½ cuil. à soupe de concentré de tomates**
- **1 cuil. à soupe de porto**
- **½ cuil. à soupe de crème fraîche épaisse**
- **Sel et poivre**

Faites cuire le jambon sur la grille du barbecue pendant 5 minutes en le retournant.

Dans une casserole, faites fondre le beurre puis ajoutez la farine. Mouillez avec 20 cl d'eau et laissez chauffer doucement sans cesser de remuer jusqu'à épaississement.

Ajoutez le concentré de tomates, le porto, la crème, salez et poivrez.

Servez le jambon avec cette sauce.

Lapin braisé

Préparation : 5 minutes • Marinade : 1 heure • Cuisson : 10 minutes • Difficulté : ★ Budget : ★★

Pour 6 personnes

Pour la marinade

- **2 cuil. à soupe d'herbes de Provence**
- **4 cuil. à soupe d'huile d'olive**
- **1 cuil. à soupe de jus de citron**
- **Poivre**

- **1 lapin**
- **Sel**

Préparez la marinade avec tous les ingrédients, mélangez avec la viande coupée en morceaux et laissez mariner pendant 1 heure.

Déposez la viande sur la grille du barbecue et faites cuire pendant 10 minutes en retournant. Arrosez de la marinade afin que la viande ne soit pas sèche. Salez à la fin de la cuisson.

Légumes grillés à la plancha

Préparation : 15 minutes • Cuisson : 10 minutes • Difficulté : ★ Budget : ★

Pour 4 personnes

- **2 aubergines**
- **2 courgettes**
- **3 oignons**
- **2 poivrons**
- **3 cuil. à soupe d'huile d'olive**
- **1 cuil. à soupe de romarin**
- **Sel et poivre**

Lavez et coupez les aubergines et courgettes en lamelles dans le sens de la longueur.

Épluchez les oignons et coupez-les en rondelles. Lavez et épépinez les poivrons. Coupez-les en lanières.

Dans un saladier, mélangez les légumes avec l'huile, le romarin, du sel et du poivre.

Faites cuire les légumes sur la plancha pendant environ 10 minutes en les retournant.

Hamburger

Préparation : 10 minutes • Cuisson : 15 minutes • Difficulté : ★ Budget : ★

Pour 4 personnes

- **4 steaks hachés**
- **4 pains à hamburger**
- **2 feuilles de salade verte**
- **1 oignon**
- **1 tomate**
- **4 tranches de fromage fondu (spécial hamburger)**

Faites cuire les steaks hachés sur le barbecue 5 à 10 minutes selon la cuisson désirée. Faites griller chaque tranche de pain à hamburger 2 à 3 minutes.

Coupez les feuilles de salade en 2, découpez des rondelles d'oignon et de tomate.

Sur les tranches du dessous, déposez le steak, une tranche de fromage, une autre de tomate, des rondelles d'oignon, une petite feuille de salade et recouvrez du dessus du pain.

Kebab

Préparation : 10 minutes • Cuisson : 20 minutes • Difficulté : ★ Budget : ★

Pour 4 personnes

- **4 pains pita**
- **300 g d'agneau**
- **1 oignon**
- **1 poivron rouge**
- **1 poivron jaune**

Coupez les pains en 2 dans le sens de la hauteur et faites griller chaque tranche 2 à 3 minutes.

Coupez la viande en dés. Piquez-les sur des brochettes et faites-les griller environ 10 minutes sur la grille du barbecue.

Pelez et coupez l'oignon en 4. Épépinez les poivrons, enlevez les parties blanches et coupez-les en carrés. Piquez les légumes sur des brochettes et faites-les cuire 3 à 4 minutes.

Déposez les brochettes de viande et de légumes entre les tranches de pain.

Conseil : servez les kebabs avec une sauce à base de yaourt, citron, ail, menthe et persil.

Magrets de canard exotiques

Préparation : 5 minutes • Cuisson : 10 minutes • Difficulté : ★ Budget : ★★

Pour 6 personnes

- **8 cuil. à soupe de vinaigre de framboise**
- **4 cuil. à soupe de miel**
- **Baies roses**
- **6 magrets de canard**
- **1 mangue**
- **Fleur de sel**

Mélangez le vinaigre avec le miel et quelques baies roses. Enrobez les magrets de cette marinade et laissez pendant 1 heure.

Épluchez la mangue et coupez-la en tranches.

Déposez la viande sur la grille du barbecue et faites cuire pendant 10 minutes en retournant. Pendant ce temps, faites réduire la marinade dans une casserole.

Faites griller les tranches de mangues 5 minutes en les retournant régulièrement.

Servez les magrets avec la sauce et de la fleur de sel.

Mangue au lard

Préparation : 10 minutes • Cuisson : 5 minutes • Difficulté : ★ Budget : ★

Pour 4 personnes

- **2 mangues**
- **12 tranches de lard fumé**

Épluchez et coupez les mangues en morceaux.

Coupez les tranches de lard et enroulez-les autour des morceaux de mangue.

Piquez la mangue lardée sur des piques à brochettes et faites griller 5 minutes au barbecue en retournant.

Maquereaux à la plancha

Préparation : 5 minutes • Cuisson : 10 minutes • Difficulté : ★ Budget : ★

Pour 4 personnes

- **3 cuil. à soupe de moutarde**
- **1 gousse d'ail**
- **4 cuil. à soupe d'huile d'olive**
- **2 cuil. à soupe de vin blanc**
- **4 maquereaux**
- **Poivre**

Mélangez la moutarde avec l'ail haché, l'huile, du poivre et le vin blanc. Ajoutez les maquereaux et laissez mariner pendant 1 heure.

Faites-les griller sur la plancha pendant environ 10 minutes en les retournant. Arrosez régulièrement de la marinade.

Marinade à la sauge

Préparation : 5 minutes • Difficulté : ★ Budget : ★

Pour 4 personnes

- **1 citron**
- **10 feuilles de sauge**
- **1 gousse d'ail**
- **6 cl d'huile d'olive**
- **1 cuil. à café de gingembre en poudre**
- **Poivre**

Mélangez le jus du citron avec le reste des ingrédients.

Faites mariner vos viandes ou poissons pendant 1 heure.

Marinade aigre-douce

Préparation : 5 minutes • Cuisson : 5 minutes • Difficulté : ★ Budget : ★

Pour 4 personnes

- **5 cuil. à soupe de miel**
- **4 cuil. à soupe de sauce soja**
- **3 cuil. à soupe de vinaigre de vin**
- **1 cuil. à café de gingembre en poudre**
- **Poivre**

Mélangez tous les ingrédients avec 15 cl d'eau. Portez à ébullition et laissez sur le feu pendant 5 minutes.

Laissez refroidir avant d'y faire mariner vos viandes ou poissons pendant 1 heure.

Merlans grillés

Préparation : 5 minutes • Cuisson : 8 minutes • Difficulté : ★ Budget : ★★

Pour 4 personnes

- **4 filets de merlan**
- **Le jus de 2 citrons**
- **1 cuil. à soupe d'aneth ciselé**
- **Sel et poivre**

Faites mariner les filets de merlan avec le jus des citrons, l'aneth, du sel et du poivre pendant 20 minutes.

Posez-les sur la grille du barbecue pendant 7 à 8 minutes en le retournant à mi-cuisson.

Conseil : le citron va commencer à cuire le poisson, ne le laissez pas trop longtemps sur la grille.

Mille-feuille italien

Préparation : 10 minutes • Cuisson : 5 minutes • Difficulté : ★ Budget : ★

Pour 4 personnes

- **2 aubergines**
- **3 tomates**
- **1 boule de mozzarella**
- **Huile d'olive**
- **12 feuilles de basilic**
- **Sel et poivre**

Lavez et coupez les aubergines en rondelles de 0,5 cm. Faites de même avec les tomates. Coupez la mozzarella en tranches.

Huilez chaque face des légumes avec un pinceau, salez et poivrez. Posez-les sur la grille du barbecue pendant 3 minutes en les retournant à mi-cuisson.

Montez les mille-feuilles : déposez une rondelle de tomate sur une rondelle d'aubergine puis ajoutez une tranche de mozzarella, une rondelle de tomate puis une autre d'aubergine, une autre de tomate, de la mozzarella, 3 feuilles de basilic et terminez par de la mozzarella. Emballez les mille-feuilles dans du papier sulfurisé et remettez sur le barbecue 2 minutes.

Déposez un peu de mozzarella avant de servir.

Nouilles chinoises au bœuf grillé

Préparation : 5 minutes • Marinade : 1 heure • Cuisson : 20 minutes • Difficulté : ★ Budget : ★

Pour 4 personnes

- **300 g de viande de bœuf**
- **1 cuil. à soupe d'huile de sésame**
- **1 gousse d'ail**
- **6 cuil. à soupe de sauce soja**
- **3 cuil. à soupe de sauce nuoc-mâm**
- **300 g de nouilles chinoises**
- **Poivre**

Coupez le bœuf en médaillons. Faites-le mariner avec l'huile de sésame, l'ail haché, les sauces soja et nuoc-mâm pendant 1 heure.

Pendant ce temps, faites cuire les nouilles chinoises selon les recommandations du paquet (environ 5 minutes).

Faites saisir la viande sur la plancha pendant environ 10 minutes, ajoutez les nouilles égouttées, arrosez de la marinade, poivrez et laissez cuire 2 minutes supplémentaires.

Marinade au citron

Préparation : 5 minutes • Difficulté : ★ Budget : ★

Pour 4 personnes

- **3 citrons**
- **6 cl d'huile d'olive**
- **1 cuil. à soupe de basilic**
- **1 cuil. à soupe d'estragon**
- **Poivre**

Mélangez le jus des citrons avec le reste des ingrédients.

Faites mariner vos viandes ou poissons pendant 1 heure.

Marinade au miel et au soja

Préparation : 5 minutes • Difficulté : ★ Budget : ★

Pour 4 personnes

- **2 cuil. à soupe de miel**
- **4 cuil. à soupe de sauce soja**
- **1 cuil. à soupe de jus de citron vert**
- **3 cuil. à soupe d'huile de sésame**
- **1 cuil. à café de graines de sésame**
- **Poivre**

Mélangez tous les ingrédients.

Laissez mariner vos viandes ou poissons dans cette sauce pendant 1 heure.

Marinade au paprika

Préparation : 5 minutes • Difficulté : ★ Budget : ★

Pour 4 personnes

- **1 cuil. à soupe de paprika**
- **½ cuil. à café de harissa**
- **4 cuil. à soupe d'huile de sésame**
- **1 cuil. à soupe d'herbes de Provence**
- **Poivre**

Mélangez tous les ingrédients.

Faites mariner vos viandes ou poissons dans cette sauce pendant 1 heure.

Marinade aux olives

Préparation : 5 minutes • Difficulté : ★ Budget : ★

Pour 4 personnes

- **2 cuil. à soupe d'olives noires dénoyautées**
- **6 cuil. à soupe d'huile d'olive**
- **1 cuil. à soupe de jus de citron**
- **Sel et poivre**

Écrasez les olives afin d'en faire une purée.

Mélangez-la avec tous les autres ingrédients.

Laissez mariner vos viandes ou poissons dans cette sauce pendant 1 heure.

Paëlla

Préparation : 20 minutes • Cuisson : 40 minutes • Difficulté : ★ Budget : ★

Pour 4 personnes

- **1 poivron rouge**
- **1 poivron jaune**
- **1 poivron vert**
- **2 oignons**
- **12 crevettes**
- **4 langoustines**
- **5 cl d'huile d'olive**
- **300 g de riz long**
- **1 l de bouillon de volaille**
- **1 dose de filament de safran**
- **100 g de petits pois**
- **12 moules**
- **Sel et poivre**

Épépinez les poivrons et coupez-les en dés. Épluchez et coupez les oignons en petits morceaux. Lavez les crevettes et les langoustines.

Dans la poêle à paëlla posée sur la grille du barbecue, faites chauffer l'huile et faites-y revenir les poivrons et les oignons. Ajoutez les crevettes et langoustines et laissez chauffer 5 minutes.

Ajoutez le riz, mélangez puis versez le bouillon. Ajoutez le safran, les petits pois et les moules et faites cuire l'ensemble pendant 30 minutes sans y toucher.

À la fin de la cuisson, laissez la paëlla reposer 5 à 10 minutes avant de servir. Le riz sur le dessus continuera de cuire s'il est encore un peu croquant.

Pavés de biche aux griottes

Préparation : 10 minutes • Cuisson : 10 minutes • Difficulté : ★ Budget : ★★

Pour 4 personnes

- **250 g de griottes**
- **3 cl de vin rouge**
- **1 cuil. à soupe de sucre**
- **4 pavés de biche**
- **Sel et poivre**

Dans une casserole, faites bouillir les griottes (gardez-en quelques-unes que vous ne cuirez pas) pendant 3 à 4 minutes puis ajoutez le vin et le sucre. Laissez frémir pendant 2 à 3 minutes. Salez et poivrez. Ajoutez les griottes non cuites à la sauce.

Pendant ce temps, faites cuire les pavés sur la grille du barbecue pendant 10 minutes en les retournant à mi-cuisson.

Servez la viande avec la sauce aux griottes.

Pilons de poulet à l'américaine

Préparation : 10 minutes • Cuisson : 25 minutes • Marinade : 1 heure • Difficulté : ★ Budget : ★

Pour 4 personnes

- **2 oignons**
- **3 cuil. à soupe d'huile d'olive**
- **1 gousse d'ail**
- **1 échalote**
- **6 cl de cognac**
- **15 cl de vin blanc**
- **800 g de tomates concassées en boîte**
- **Thym**
- **Laurier**
- **20 pilons de poulet**
- **Paprika**
- **Sel et poivre**

Dans une casserole, faites revenir les oignons hachés dans l'huile d'olive puis ajoutez l'ail et l'échalote hachés. Laissez 1 minute de plus. Versez le cognac et le vin, laissez un peu évaporer et ajoutez les tomates, un peu de thym, du laurier, du sel et du poivre. Laissez mijoter sur feu doux pendant 15 à 20 minutes en remuant de temps en temps.

Saupoudrez les pilons de poulet avec du paprika. Versez-les dans un saladier avec la sauce et laissez mariner pendant 1 heure.

Récupérez les pilons et faites-les cuire 10 minutes en les retournant de temps en temps. Pendant ce temps, réchauffez la sauce.

Servez les pilons de poulet avec la sauce à l'américaine.

Oignons farcis à l'agneau

Préparation : 10 minutes • Cuisson : 1 heure • Difficulté : ★ Budget : ★★

Pour 4 personnes

- **4 gros oignons**
- **200 g d'agneau haché**
- **30 g de beurre**
- **1 gousse d'ail**
- **2 cuil. à soupe d'herbes de Provence**
- **Sel et poivre**

Pelez les oignons et creusez-les avec une cuillère.

Mélangez la viande avec le beurre, l'ail haché, les herbes, salez et poivrez.

Garnissez les oignons de farce et emballez-les dans du papier aluminium.

Laissez cuire sur la grille du barbecue pendant 1 heure.

Papillotes de saumon

Préparation : 15 minutes • Cuisson : 15 minutes • Difficulté : ★ Budget : ★★

Pour 4 personnes

- **1 courgette**
- **1 carotte**
- **1 citron**
- **1 oignon**
- **4 pavés de saumon**
- **Aneth**
- **20 cl de vin blanc**
- **Huile d'olive**
- **Sel et poivre**

Lavez et coupez la courgette en tranches fines. Épluchez et coupez la carotte en sifflets. Coupez le citron en tranches fines. Épluchez et coupez l'oignon en tranches.

Sur 4 feuilles de papier sulfurisé, déposez des tranches d'oignon puis de courgettes, des morceaux de carottes et des tranches de citron.

Déposez les pavés de saumon, salez, poivrez et ajoutez de l'aneth. Versez un peu de vin blanc, un filet d'huile d'olive puis fermez le papier sulfurisé en papillote.

Déposez les papillotes sur la grille du barbecue et laissez cuire pendant 15 minutes.

Pavés de thon grillés

Préparation : 15 minutes • Marinade : 1 heure • Cuisson : 10 minutes • Difficulté : ★ Budget : ★★

Pour 4 personnes

- **3 échalotes**
- **1 oignon**
- **3 cuil. à soupe de coriandre**
- **4 cuil. à soupe d'huile d'olive**
- **Baies roses**
- **4 pavés de thon**
- **Sel**

Mélangez les échalotes hachées avec l'oignon haché, la coriandre hachée, l'huile d'olive, du sel et quelques baies roses.

Ajoutez le thon et imprégnez-le bien de la marinade. Laissez pendant 1 heure au frais.

Posez les pavés de thon sur la grille du barbecue et faites cuire pendant 10 minutes en retournant à mi-cuisson.

Poivrons farcis au cabécou

Préparation : 10 minutes • Cuisson : 20 minutes • Difficulté : ★ Budget : ★

Pour 4 personnes

- **4 poivrons**
- **4 cabécous**
- **2 cuil. à soupe de crème fraîche épaisse**
- **2 cuil. à soupe d'huile d'olive**
- **Sel et poivre**

Coupez les poivrons en 2, épépinez-les et enlevez les parties blanches.

Écrasez les cabécous avec une fourchette et mélangez-les avec la crème, du sel et du poivre.

Farcissez les demi-poivrons de fromage, versez un filet d'huile d'olive et enveloppez-les dans du papier aluminium.

Posez les poivrons sur la grille du barbecue et faites cuire pendant 20 minutes.

Poivrons farcis à la macédoine

Préparation : 15 minutes • Cuisson : 8 minutes • Difficulté : ★ Budget : ★

Pour 4 personnes

- **4 poivrons**
- **400 g de macédoine de légumes**
- **4 cuil. à soupe de crème fraîche épaisse**
- **100 g de comté**
- **1 gousse d'ail**
- **2 cuil. à soupe de persil haché**
- **1 œuf**
- **Sel et poivre**

Coupez les chapeaux des poivrons et épépinez-les à l'aide d'une cuillère.

Mélangez la macédoine avec la crème fraîche, le comté râpé, l'ail haché, le persil, l'œuf, du sel et du poivre.

Remplissez les poivrons de cette farce et replacez les chapeaux. Emballez les poivrons dans du papier sulfurisé.

Faites-les cuire sur la grille du barbecue pendant 7 à 8 minutes.

Poivrons grillés

Préparation : 5 minutes • Cuisson : 10 minutes • Difficulté : ★ Budget : ★

Pour 4 personnes

- **4 poivrons**
- **2 cuil. à soupe d'huile d'olive**

Enduisez les poivrons d'huile d'olive.

Posez-les sur la grille du barbecue et faites-les cuire 10 minutes en les retournant.

Conseil : pelez les poivrons avant de les manger, la peau s'enlève très facilement.

Polenta aux deux tomates

Préparation : 15 minutes • Repos : 2 heures • Cuisson : 15 minutes • Difficulté : ★ Budget :★

Pour 6 personnes

- **125 g de polenta**
- **6 tomates cerise**
- **75 g de tomates séchées**
- **2 cabécous**
- **50 g d'olives noires**
- **Sel et poivre**

Faites bouillir 50 cl d'eau avec un peu de sel puis ajoutez la polenta. Baissez le feu et remuez jusqu'à ce que le mélange épaississe. Étalez-le sur une plaque à pâtisserie recouverte de papier sulfurisé sur environ 1 cm d'épaisseur. Laissez reposer pendant 2 heures.

Coupez la polenta en 6 morceaux et faites-les cuire sur la grille du barbecue pendant 2 à 3 minutes en les retournant. Faites également griller les tomates cerise pendant 2 minutes.

Sur chaque morceau de polenta grillée, déposez un pétale de tomate séchée, un bout de cabécou, 1 tomate cerise et 1 olive.

Conseil : pour faire tenir l'olive et la tomate cerise sur la polenta, utilisez un petit pique en bois comme un cure-dent.

Polenta au roquefort

Préparation : 10 minutes • Repos : 2 heures • Cuisson : 15 minutes • Difficulté : ★ Budget : ★

Pour 6 personnes

- **125 g de polenta**
- **200 g de roquefort**
- **2 cuil. à soupe de crème fraîche épaisse**
- **50 g de beurre**
- **Sel et poivre**

Faites bouillir 50 cl d'eau avec un peu de sel puis ajoutez la polenta. Baissez le feu, poivrez et remuez jusqu'à ce que le mélange épaississe. Étalez-le sur une plaque à pâtisserie recouverte de papier sulfurisé sur environ 1 cm d'épaisseur. Laissez pendant 2 heures.

Dans une casserole sur feu doux, émiettez le roquefort, ajoutez la crème, du poivre et faites chauffez tout en remuant.

Coupez la polenta en 6 morceaux, beurrez-les avec du beurre fondu sur les 2 faces et faites-les cuire sur la grille du barbecue pendant 2 à 3 minutes en les retournant. Servez avec la sauce au roquefort.

Pommes de terre à la cendre

Préparation : 5 minutes • Cuisson : 30 minutes • Difficulté : ★ Budget : ★

Pour 6 personnes

- **12 pommes de terre**
- **Fleur de sel**
- **Poivre**

Lavez et brossez les pommes de terre afin de bien enlever toute la terre.

Enveloppez chaque pomme de terre dans du papier aluminium et placez-les sous les cendres.

Laissez cuire pendant environ 30 minutes. Vérifiez la cuisson avec un couteau.

Salez et poivrez avant de déguster.

Pommes de terre au lard

Préparation : 10 minutes • Cuisson : 30 minutes • Difficulté : ★ Budget : ★

Pour 6 personnes

- **2 cuil. à soupe d'huile d'olive**
- **2 cuil. à soupe de thym citronné**
- **1 gousse d'ail**
- **12 pommes de terre**
- **12 tranches de lard**
- **Sel et poivre**

Mélangez l'huile d'olive avec le thym, l'ail haché, du sel et du poivre.

Lavez et brossez les pommes de terre et mélangez-les avec l'huile parfumée. Enroulez chaque pomme de terre dans une tranche de lard.

Enveloppez-les dans du papier aluminium et placez-les sous les cendres.

Laissez cuire pendant environ 30 minutes. Vérifiez la cuisson avec un couteau.

Poulet caramélisé au sirop d'érable

Préparation : 10 minutes • Cuisson : 10 minutes • Difficulté : ★ Budget : ★

Pour 6 personnes

- **4 cuil. à soupe de sirop d'érable**
- **2 cuil. à café de moutarde**
- **2 cuil. à soupe de graines de sésame**
- **6 morceaux de blancs de poulet**
- **Sel et poivre**

Mélangez le sirop d'érable avec la moutarde, les graines de sésame et du poivre. Nappez les morceaux de poulet avec ce sirop.

Faites cuire le poulet 10 minutes sur la grille du barbecue en le retournant. Salez avant de servir.

Pommes de terre au thon et maïs

Préparation : 15 minutes • Cuisson : 30 minutes • Difficulté : ★ Budget : ★

Pour 6 personnes

- **12 pommes de terre**
- **1 boîte de maïs en boîte**
- **2 boîtes de thon au naturel en boîte**
- **3 cuil. à soupe de mayonnaise**

Lavez et brossez les pommes de terre, enveloppez-les dans du papier aluminium et placez-les sous les cendres.

Laissez cuire pendant environ 30 minutes. Vérifiez la cuisson avec un couteau.

Mélangez le maïs égoutté avec le thon et la mayonnaise.

Incisez les pommes de terre sur le dessus et garnissez-les de la préparation précédente.

Porc laqué et grillé

Préparation : 10 minutes • Marinade : 1 heure • Cuisson : 20 minutes • Difficulté : ★ Budget : ★★

Pour 8 personnes

- **6 cuil. à soupe de miel**
- **4 cuil. à soupe de sauce soja**
- **Le jus de 2 citrons**
- **1 rouelle de porc**

Mélangez le miel avec la sauce soja et le jus de citron. Enrobez bien la viande de cette préparation et laissez mariner pendant 1 heure.

Faites cuire la viande pendant 20 minutes sur la grille du barbecue en la retournant et l'arrosant de marinade régulièrement.

Poulet à l'italienne

Préparation : 10 minutes • Marinade : 1 heure • Cuisson : 10 minutes • Difficulté : ★ Budget : ★★

Pour 4 personnes

- **10 pétales de tomates séchées**
- **1 cuil. à soupe de jus de citron**
- **1 cuil. à soupe d'origan déshydraté**
- **1 cuil. à soupe de basilic**
- **4 blancs de poulet**
- **Sel et poivre**

Récupérez 5 cuil. à soupe d'huile des bocaux de tomates séchées.

Mélangez les tomates séchées avec l'huile, le jus de citron, l'origan et le basilic, le sel et le poivre. Enrobez bien la viande de cette préparation et laissez mariner pendant 1 heure.

Faites cuire le poulet égoutté pendant 10 minutes sur la grille du barbecue en la retournant. Servez-la avec les tomates séchées égouttées.

Provolone grillée

Préparation : 5 minutes • Repos : 2 heures • Cuisson : 5 minutes • Difficulté : ★ Budget : ★

Pour 4 personnes

- **1 provolone**
- **6 cuil. à soupe d'herbes de Provence**

Coupez le provolone en tranches d'environ 2 cm.

Assaisonnez les tranches de fromage avec les herbes de Provence et laissez-les pendant 2 heures à température ambiante.

Faites cuire les tranches de provolone directement sur la grille du barbecue pendant 5 minutes en les retournant à mi-cuisson. La grille doit être bien chaude.

Rougets à la plancha

Préparation : 10 minutes • Marinade : 1 heure • Cuisson : 6 minutes • Difficulté : ★ Budget : ★

Pour 6 personnes

- **1 pamplemousse**
- **½ cuil. à café de gingembre râpé**
- **12 filets de rouget**
- **Sel et poivre**

Pressez le pamplemousse et mélangez son jus avec le gingembre et du poivre. Faites-y mariner les rougets pendant 1 heure.

Faites cuire les rougets 6 minutes sur la plancha chaude en les retournant. Salez avant de servir.

Salade de penne grillés à la plancha

Préparation : 10 minutes • Cuisson : 10 minutes • Difficulté : ★ Budget : ★

Pour 4 personnes

- **400 g de penne**
- **8 tranches de bacon**
- **2 avocats**
- **150 g d'olives noires dénoyautées**
- **10 tomates cerise**
- **2 cuil. à soupe de pesto**
- **Sel**

Faites cuire les penne dans de l'eau bouillante salée en suivant les recommandations du paquet (environ 10 minutes).

Pendant ce temps, faites griller les tranches de bacon sur la plancha. Épluchez les avocats et coupez-les en dés. Tranchez les olives et les tomates en rondelles.

Égouttez les penne, mélangez-les avec les olives et les tomates et faites sauter le tout 3 minutes sur la plancha.

Versez dans un saladier, ajoutez les avocats, le bacon grillé, le pesto et mélangez délicatement.

Salade strasbourgeoise

Préparation : 20 minutes • Cuisson : 13 minutes • Difficulté : ★ Budget : ★

Pour 4 personnes

- **8 pommes de terre**
- **6 saucisses de Strasbourg**
- **6 cornichons**
- **5 tomates cerise**
- **50 g d'emmental**
- **1 cuil. à soupe d'olives noires**
- **2 cuil. à soupe de mayonnaise**

Faites cuire les pommes de terre dans l'eau pendant 10 minutes. Épluchez-les et coupez-les en dés.

Faites griller les saucisses 3 minutes sur le barbecue. Coupez-les en morceaux. Coupez les cornichons et les tomates. Coupez le fromage en dés.

Mélangez tous les ingrédients avec la mayonnaise.

Poulet forestier

Préparation : 15 minutes • Cuisson : 15 minutes • Difficulté : ★ Budget : ★

Pour 4 personnes

- **200 g de mélange de champignons forestiers**
- **3 cuil. à soupe de sauge**
- **1 œuf**
- **100 g d'étorki râpé**
- **8 cuil. à soupe de semoule fine de maïs**
- **4 blancs de poulet**
- **Sel et poivre**

Mélangez les champignons hachés avec 2 cuil. à soupe de sauge hachée, l'œuf, l'étorki, du sel et du poivre.

Mélangez la semoule avec 1 cuil. à soupe de sauge hachée.

Affinez les blancs de poulet avec un rouleau à pâtisserie ou un marteau à viande. Garnissez-les de préparation aux champignons, enroulez-les et panez-les avec la semoule à la sauge.

Faites cuire le poulet pendant 15 minutes sur la grille du barbecue en le retournant.

Conseil : l'humidité de la viande va permettre à la semoule d'adhérer facilement.

Salade caesar

Préparation : 20 minutes • Cuisson : 15 minutes • Difficulté : ★ Budget : ★

Pour 8 personnes

- **4 blancs de poulet**
- **8 tranches de bacon**
- **1 jaune d'œuf**
- **½ cuil. à café de moutarde**
- **2 gousses d'ail**
- **3 cuil. à soupe de vinaigre balsamique**
- **7 cuil. à soupe d'huile d'olive**
- **200 g de parmesan en copeaux**
- **50 g de parmesan râpé**
- **300 g de mâche**
- **300 g de tomates cerise**
- **Poivre**

Faites cuire les blancs de poulet (10 minutes) et le bacon (4 minutes) sur le barbecue. Coupez-les en tranches fines.

Mélangez le jaune d'œuf avec la moutarde puis ajoutez l'ail écrasé. Ajoutez le vinaigre et 5 cuil. à soupe d'huile d'olive. Fouettez jusqu'à l'obtention de la consistance d'une mayonnaise liquide. Ajoutez le parmesan et poivrez.

Disposez la mâche avec le poulet, le bacon, les tomates et les copeaux de parmesan. Servez avec la sauce au parmesan.

Sauce au curry

Préparation : 10 minutes • Difficulté : ★ Budget : ★

Pour 8 personnes

- **2 jaunes d'œufs**
- **1 cuil. à soupe de vinaigre de vin**
- **1 cuil. à café de moutarde**
- **20 cl d'huile d'olive**
- **10 cl d'huile de colza**
- **2 cuil. à soupe de jus de citron**
- **2 cuil. à café de curry**
- **Sel et poivre**

Mélangez les jaunes d'œufs avec le vinaigre et la moutarde jusqu'à l'obtention d'une crème.

Versez les huiles sans cesser de remuer, salez, poivrez et ajoutez le jus de citron et le curry.

Conseil : cette sauce est parfaite avec les légumes et viandes blanches.

Sauce à la cacahuète

Préparation : 10 minutes • Difficulté : ★ Budget : ★

Pour 8 personnes

- **4 cuil. à soupe de beurre de cacahuètes**
- **1 cuil. à soupe de sauce soja**
- **1 gousse d'ail écrasée**
- **3 cuil. à soupe d'huile d'arachide**
- **2 cuil. à soupe de crème fraîche épaisse**
- **2 cuil. à soupe de vinaigre de vin**
- **Sel et poivre**

Versez tous les ingrédients dans un blender avec 3 cuil. à soupe d'eau et mixez jusqu'à l'obtention d'une sauce onctueuse.

Sauce à l'estragon

Préparation : 10 minutes • Difficulté : ★ Budget : ★

Pour 8 personnes

- **2 jaunes d'œufs**
- **1 cuil. à soupe de vinaigre de vin**
- **1 cuil. à café de moutarde**
- **20 cl d'huile d'olive**
- **10 cl d'huile de colza**
- **2 cuil. à soupe de jus de citron**
- **2 cuil. à soupe d'estragon**
- **Sel et poivre**

Mélangez les jaunes d'œufs avec le vinaigre et la moutarde jusqu'à l'obtention d'une crème.

Versez les huiles sans cesser de remuer, salez, poivrez et ajoutez le jus de citron et l'estragon.

Sauce à l'orange

Préparation : 10 minutes • Difficulté : ★ Budget : ★

Pour 6 personnes

- **1 orange non traitée**
- **1 jaune d'œuf**
- **1 cuil. à soupe de vinaigre de vin**
- **1 cuil. à soupe de moutarde à l'ancienne**
- **6 cuil. à soupe d'huile d'olive**
- **Sel et poivre**

Récupérez le zeste de l'orange et hachez-le finement. Pressez-la et récupérez son jus.

Mélangez le jaune d'œuf avec le vinaigre et la moutarde jusqu'à l'obtention d'une crème.

Versez l'huile sans cesser de remuer, salez, poivrez et ajoutez le jus et les zestes de l'orange.

Sauce au basilic

Préparation : 10 minutes • Difficulté : ★ Budget : ★

Pour 8 personnes

- **2 jaunes d'œufs**
- **1 cuil. à soupe de vinaigre de vin**
- **1 cuil. à café de moutarde**
- **20 cl d'huile d'olive**
- **10 cl d'huile de colza**
- **2 cuil. à soupe de basilic**
- **Sel et poivre**

Mélangez les jaunes d'œufs avec le vinaigre et la moutarde jusqu'à l'obtention d'une crème.

Versez les huiles sans cesser de remuer, salez, poivrez et ajoutez le basilic.

Sauce barbecue

Préparation : 5 minutes • Difficulté : ★ Budget : ★

Pour 6 personnes

- **6 cuil. à soupe de ketchup**
- **1 cuil. à café de moutarde**
- **1 cuil. à soupe de jus de citron**
- **1 cuil. à soupe de sauce soja**

Mélangez bien le ketchup, la moutarde, le jus de citron et la sauce soja. Poivrez légèrement et servez.

Conseil : cette sauce est parfaite avec les viandes grillées.

Sauce cocktail

Préparation : 10 minutes • Difficulté : ★ Budget : ★

Pour 8 personnes

- **2 jaunes d'œufs**
- **1 cuil. à soupe de vinaigre de vin**
- **1 cuil. à café de moutarde**
- **20 cl d'huile d'olive**
- **10 cl d'huile de colza**
- **1 cuil. à soupe de ketchup**
- **1 cuil. à soupe de whisky**
- **Sel et poivre**

Mélangez les jaunes d'œufs avec le vinaigre et la moutarde jusqu'à l'obtention d'une crème.

Versez les huiles sans cesser de remuer, salez, poivrez et ajoutez le ketchup et le whisky.

Conseil : cette sauce est parfaite avec les crudités et les saucisses.

Saumon grillé à la plancha

Préparation : 5 minutes • Cuisson : 10 minutes • Difficulté : ★ Budget : ★★

Pour 4 personnes

- **Huile d'olive**
- **4 pavés de saumon**
- **Fleur de sel**
- **Poivre**

Huilez l'extérieur des pavés de saumon au pinceau.

Posez-les pavés de saumon sur la plancha et faites-les cuire 10 minutes en les retournant à mi-cuisson.

Salez et poivrez avant de servir.

Conseil : servez les saumons avec un filet de jus de citron.

Sauce au fromage blanc et aux noix

Préparation : 10 minutes • Difficulté : ★ Budget : ★

Pour 8 personnes

- **200 g de fromage blanc**
- **1 cuil. à café de moutarde**
- **80 g de crème fraîche épaisse**
- **30 g de noix hachées**
- **4 cuil. à soupe d'huile de noix**
- **Sel et poivre**

Mélangez le fromage blanc, la moutarde et la crème au blender.

Ajoutez le reste des ingrédients et mélangez avec une cuillère.

Versez l'huile sans cesser de remuer, salez et poivrez.

Sauce au miel

Préparation : 10 minutes • Difficulté : ★ Budget : ★

Pour 4 personnes

- **1 cuil. à soupe de moutarde**
- **2 cuil. à soupe de miel**
- **1 cuil. à soupe de vinaigre de vin**
- **6 cl d'huile d'olive**
- **Sel et poivre**

Mélangez la moutarde avec le miel. Ajoutez le vinaigre.

Versez l'huile sans cesser de remuer, salez, poivrez.

Sauce bourguignonne

Préparation : 10 minutes • Cuisson : 15 minutes • Difficulté : ★ Budget : ★

Pour 8 personnes

- **3 échalotes**
- **70 g de beurre**
- **50 cl de vin rouge**
- **Thym**
- **Laurier**
- **1 cuil. à café de farine**
- **Sel et poivre**

Faites revenir les échalotes hachées dans 35 g de beurre.

Ajoutez le vin, le thym et le laurier et laissez réduire de moitié.

Ajoutez le reste du beurre et la farine et laissez mijoter pendant 5 minutes. Salez et poivrez.

Sauce piquante

Préparation : 10 minutes • Difficulté : ★ Budget : ★

Pour 8 personnes

- **2 jaunes d'œufs**
- **1 cuil. à soupe de vinaigre de vin**
- **1 cuil. à café de moutarde**
- **20 cl d'huile d'olive**
- **10 cl d'huile de colza**
- **1 cuil. à café de piment en poudre**
- **Sel et poivre**

Mélangez les jaunes d'œufs avec le vinaigre et la moutarde jusqu'à l'obtention d'une crème.

Versez les huiles sans cesser de remuer, salez, poivrez et ajoutez le piment.

Thon au citron et gingembre à la plancha

Préparation : 10 minutes • Marinade : 1 heure • Cuisson : 10 minutes • Difficulté : ★ Budget : ★

Pour 4 personnes

- **Le jus de 2 citrons verts**
- **1 cuil. à café de gingembre râpé**
- **1 gousse d'ail**
- **4 pavés de thon**
- **Sel et poivre**

Pressez les 2 citrons et mélangez leur jus avec le gingembre et l'ail haché.

Mettez le thon à mariner avec cette préparation pendant 1 heure.

Faites cuire les steaks de thon sur la plancha pendant 10 minutes en les retournant. Salez et poivrez.

Tomates grillées

Préparation : 5 minutes • Cuisson : 3 minutes • Difficulté : ★ Budget : ★

Pour 4 personnes

- **4 tomates grappe**
- **Huile d'olive**
- **Sel et poivre**

Lavez et coupez les tomates en rondelles.

Huilez, salez et poivrez-les.

Faites-les cuire sur la grille du barbecue pendant 3 minutes en les retournant.

Tomates provençales

Préparation : 5 minutes • Cuisson : 5 minutes • Difficulté : ★ Budget : ★

Pour 4 personnes

- **2 gousses d'ail**
- **2 cuil. à soupe d'herbes de Provence**
- **1 cuil. à soupe de chapelure**
- **8 tomates grappe**
- **Huile d'olive**
- **Sel et poivre**

Mélangez l'ail haché avec les herbes de Provence et la chapelure.

Lavez et coupez les tomates en 2 dans le sens de la largeur.

Huilez, salez et poivrez-les. Déposez-les côté plat sur la grille du barbecue pendant 1 minute pour qu'elles grillent.

Placez une feuille de papier sulfurisé sur une plaque de four, déposez-y les tomates côté bombé en dessous et disposez du mélange herbes/ail/chapelure sur le dessus.

Posez la plaque sur la grille du barbecue pendant 4 minutes.

Sauce tartare

Préparation : 10 minutes • Difficulté : ★ Budget : ★

Pour 8 personnes

- **2 jaunes d'œufs**
- **1 cuil. à soupe de vinaigre de vin**
- **1 cuil. à café de moutarde**
- **20 cl d'huile d'olive**
- **10 cl d'huile de colza**
- **30 g de cornichons**
- **30 g de câpres**
- **1 échalote**
- **2 cuil. à soupe de jus de citron**
- **Sel et poivre**

Mélangez les jaunes d'œufs avec le vinaigre et la moutarde jusqu'à l'obtention d'une crème.

Versez les huiles sans cesser de remuer, salez et poivrez.

Ajoutez les cornichons, les câpres, l'échalote hachée et le jus de citron.

Tomates farcies au thon

Préparation : 15 minutes • Cuisson : 5 minutes • Difficulté : ★ Budget : ★

Pour 4 personnes

- **4 tomates**
- **150 g de thon au naturel en boîte**
- **2 rocamadours**
- **1 cuil. à soupe de jus de citron**
- **1 œuf**
- **Poivre**

Coupez les chapeaux des tomates et à l'aide d'une cuillère, évidez-les.

Mélangez le thon avec les rocamadours écrasés, le jus de citron, l'œuf et du poivre.

Remplissez les tomates de cette farce et replacez les chapeaux.

Enveloppez les tomates dans du papier sulfurisé et faites-les cuire sur la grille du barbecue pendant 5 minutes.

Tuiles mozzarella et courgettes

Préparation : 15 minutes • Cuisson : 5 minutes • Difficulté : ★ Budget : ★

Pour 4 personnes

- **150 g de mozzarella**
- **60 g de parmesan**
- **1 courgette**
- **Poivre**

Râpez les fromages. Lavez la courgette et râpez-la très fin.

Mélangez les fromages avec la courgette et poivrez.

Formez des petits tas sur la plancha et laissez-les cuire 5 minutes. Laissez refroidir les tuiles sur une bouteille ou un rouleau à pâtisserie pour leur donner leur forme caractéristique.

Veau au citron

Préparation : 5 minutes • Cuisson : 15 minutes • Difficulté : ★ Budget : ★

Pour 4 personnes

- **4 escalopes de veau**
- **4 cuil. à soupe de crème fraîche épaisse**
- **Le jus de 1 citron**
- **Sel et poivre**

Coupez le veau en aiguillettes et faites-le cuire sur la plancha pendant 10 minutes.

Mélangez la crème avec le jus du citron, du sel et du poivre.

Ajoutez la crème citronnée sur la viande et laissez cuire 5 minutes de plus.

Wraps grillés

Préparation : 15 minutes • Cuisson : 10 minutes • Difficulté : ★ Budget : ★

Pour 4 personnes

- **200 g de bœuf à fondue**
- **2 cuil. à soupe d'huile d'olive**
- **1 cuil. à soupe de paprika**
- **2 tomates**
- **150 g de laitue**
- **4 tortillas**
- **75 g de cheddar**
- **Poivre**

Coupez le bœuf en lamelles et mélangez-les avec l'huile, du poivre et le paprika. Faites cuire la viande sur la plancha pendant 5 minutes.

Pendant ce temps, coupez les tomates en dés et émincez la salade.

Faites chauffer rapidement les tortillas sur la plancha.

Parsemez de laitue, de dés de tomates, de cheddar râpé et enroulez.

Conseil : servez les wraps avec une sauce au fromage blanc et aux herbes.

Brochettes de marshmallows caramélisés

Préparation : 5 minutes • Cuisson : 2 minutes • Difficulté : ★ Budget : ★

Pour 4 personnes

- **16 marshmallows**
- **3 cuil. à soupe de sucre vanillé**

Humidifiez légèrement les marshmallows et roulez-les dans le sucre vanillé.

Sur 4 piques, mettez 4 marshmallows.

Faites-les griller 2 minutes en les retournant jusqu'à ce que le sucre soit caramélisé.

Conseil : faites attention sur la fin, ça caramélise très vite.

Abricots aux amandes

Préparation : 5 minutes • Cuisson : 2 minutes • Difficulté : ★ Budget : ★

Pour 4 personnes

- **4 abricots**
- **100 g de mascarpone**
- **4 cuil. à soupe de sucre**
- **2 cuil. à soupe d'amandes effilées**

Coupez les abricots en 2 et dénoyautez-les. Posez-les sur le côté peau.

Mélangez le mascarpone avec le sucre et remplissez les moitiés d'abricots. Parsemez d'amandes effilées.

Posez-les sur la grille du barbecue pendant 2 minutes.

Ananas caramélisé à la plancha

Préparation : 15 minutes • Cuisson : 5 minutes • Difficulté : ★ Budget : ★

Pour 8 personnes

- **1 ananas**
- **6 cuil. à soupe de sucre**

Coupez les extrémités de l'ananas et ôtez la peau. Coupez-le en tranches d'environ 0,5 cm.

Recouvrez les tranches de sucre.

Posez-les sur la plancha bien chaude en les retournant jusqu'à ce que le sucre soit caramélisé.

Ananas rôti à la vanille

Préparation : 15 minutes • Cuisson : 5 minutes • Difficulté : ★ Budget : ★

Pour 8 personnes

- **1 ananas**
- **2 gousses de vanille**

Coupez les extrémités de l'ananas et ôtez la peau. Coupez-le en carrés.

Fendez les gousses de vanille en 2 et récupérez les graines. Parsemez-les sur l'ananas.

Piquez les morceaux d'ananas sur des piques à brochette et faites-les rôtir sur la grille du barbecue pendant 5 minutes.

Bananes au caramel

Préparation : 5 minutes • Cuisson : 5 minutes • Difficulté : ★ Budget : ★

Pour 4 personnes

- **4 bananes**
- **8 caramels mous**

Épluchez les bananes et fendez-les sur toute leur longueur.

Placez 2 caramels dans chaque banane et enveloppez-les dans du papier aluminium.

Placez les bananes sur la grille du barbecue pendant 5 minutes.

Brioche façon pain perdu à la plancha

Préparation : 10 minutes • Cuisson : 5 minutes • Difficulté : ★ Budget : ★

Pour 4 personnes

- **2 œufs**
- **7,5 cl de lait**
- **4 tranches de brioche**
- **Sucre glace**

Battez les œufs en omelette et mélangez-les avec le lait.

Trempez les tranches de brioche dans le mélange précédent et comptez jusqu'à 3. Retournez-les et comptez de nouveau jusqu'à 3.

Faites cuire les tranches de brioche sur la plancha pendant 5 minutes en les retournant à mi-cuisson.

Saupoudrez-les de sucre glace avant de servir.

Brochettes d'ananas, poire et orange

Préparation : 10 minutes • Marinade : 1 heure • Cuisson : 5 minutes • Difficulté : ★ Budget : ★

Pour 6 personnes

- **¼ d'ananas**
- **2 oranges**
- **2 poires**
- **Le jus de 2 citrons**
- **1 cuil. à café de cannelle en poudre**
- **2 cuil. à soupe de sucre roux**
- **2 cuil. à soupe de sucre vanillé**

Épluchez et coupez les fruits en morceaux. Placez-les dans un saladier.

Ajoutez le jus des citrons, la cannelle et les sucres. Mélangez bien. Laissez mariner pendant 1 heure.

Sur 6 piques, alternez les fruits.

Faites-les griller 5 minutes en les retournant.

Brochettes de fruits du soleil à la vanille

Préparation : 10 minutes • Cuisson : 5 minutes • Difficulté : ★ Budget : ★★

Pour 6 personnes

- **2 pêches**
- **3 abricots**
- **2 nectarines**
- **12 framboises**
- **6 fraises**
- **3 cuil. à soupe de sucre vanillé**

Coupez les pêches, les abricots et les nectarines en morceaux. Placez-les dans un saladier avec les framboises et les fraises entières. Ajoutez le sucre vanillé.

Alternez les fruits sur 6 piques.

Faites-les griller 5 minutes en les retournant.

Mangue à la fève tonka

Préparation : 10 minutes • Cuisson : 5 minutes • Difficulté : ★ Budget : ★

Pour 4 personnes

- **1 mangue**
- **1 fève tonka**

Épluchez et coupez la mangue en morceaux.

Râpez la fève tonka et parsemez-en les morceaux de mangue.

Piquez les morceaux de mangue sur 6 piques.

Faites-les griller 5 minutes en les retournant.

Melon grillé à la cannelle

Préparation : 10 minutes • Cuisson : 5 minutes • Difficulté : ★ Budget : ★

Pour 8 personnes

- **1 melon**
- **1 cuil. à café de cannelle en poudre**

Épluchez et coupez le melon en morceaux. Placez-le dans un saladier.

Ajoutez la cannelle et mélangez bien.

Piquez les morceaux de melon sur 8 piques.

Faites-les griller 5 minutes en les retournant.

Nougat grillé

Préparation : 5 minutes • Cuisson : 5 minutes • Difficulté : ★ Budget : ★

Pour 4 personnes

- **200 g de nougat tendre**

Coupez la barre de nougat en 4.

Piquez chaque morceau avec une pique à brochette comme pour une sucette.

Faites-les griller 5 minutes en les retournant.

Pamplemousse et orange grillés

Préparation : 10 minutes • Cuisson : 5 minutes • Difficulté : ★ Budget : ★

Pour 4 personnes

- **2 pamplemousses**
- **2 oranges**
- **25 g de beurre**
- **4 cuil. à soupe de cassonade**
- **½ cuil. à café de vanille en poudre**
- **2 cuil. à soupe d'eau de fleur d'oranger**

Épluchez et coupez les fruits en quartiers et ôtez leurs pépins.

Dans un saladier, mélangez le beurre avec la cassonade, la vanille et l'eau de fleur d'oranger. Mélangez avec les fruits.

Alternez les quartiers d'orange et de pamplemousse sur 4 piques à brochettes.

Faites-les griller 5 minutes en les retournant.

Pêches rôties au mascarpone

Préparation : 10 minutes • Cuisson : 5 minutes • Difficulté : ★ Budget : ★

Pour 4 personnes

- **4 pêches**
- **3 cuil. à soupe de mascarpone**
- **2 cuil. à soupe de sucre**
- **2 cuil. à soupe de pistaches fraîches**

Épluchez et coupez les pêches en 2 et retirez les noyaux. Posez-les côté bombé vers le bas.

Dans un saladier, mélangez le mascarpone avec le sucre et les pistaches hachées. Garnissez les pêches de ce mélange.

Posez les moitiés de pêches sur la grille et faites cuire 5 minutes.